Lernwerkstatt

Wald

Grundschule

von

Christine Cremer und Antje Gräfe

LENDERSDORFER TRAUMFABRIK

Stolz Verlag

Edition Lendersdorfer Traumfabrik

www.stolzverlag.de

Das Eichhörnchen

Wer solch ein Haus wie ich besitzt,
wer keck im Tannenwipfel sitzt,
sieht über'm Wald die Wolken gut
und schaut dem Förster auf den Hut.

Josef Guggenmos

Literaturempfehlung:

Ein schönes und hilfreiches Praxisbuch zum Thema „Wald" ist erschienen beim rex verlag luzern:

Klemens Niederberger, Naturerlebnis Wald. Spielen – Entdecken – Genießen.
Rex Verlag, Luzern 2004, ISBN 978-3-7252-0740-4

INHALT

Was will dieses Heft leisten?

Sprachkompetenz ist Voraussetzung für das Lernen aus Schriftgut. Lesen und Schreiben sind kulturelle Grundtechniken, die in der Schule vermittelt werden. Deshalb ist guter Sachunterricht zugleich immer auch Deutschunterricht. Lesen lernt man nur durch Lesen.

So lernen Kinder mit diesem Heft

- Texterschließung: Aktives Lesen ist mit reger geistiger Vorstellungskraft verbunden. Flüchtiges Lesen bringt wenig oder gar keinen Bildungsgewinn. Wir geben daher Zeit zum Lesen. Gelesen wird still und laut im Wechsel.
- Textbearbeitung: Lesen, Schreiben, Zeichnen, Nachschlagen, Memorieren, Vortragen – diese Arbeitstechniken sind im Wechsel durchzuführen. Sie fördern Wissen, Lesekompetenz und Konzentration.
- Arbeitsatmosphäre: Während des Arbeitens soll konzentrierte Stille herrschen. Lärm ist einer der Hauptstressoren, die der geistigen Arbeit abträglich sind. Stillarbeitsphasen werden im rhythmischen Wechsel durch lebhaftere Unterrichtsformen abgelöst.
- Arbeitshaltung: Fragen werden in ganzen Sätzen beantwortet, Geschriebenes sorgfältig kontrolliert. Es geht nicht um die Menge, sondern um die Qualität des Gelernten. Wir füllen nicht nur Lücken im Text, sondern schreiben ganze Sätze ins Heft. **Nimm dir Zeit zum Lernen, sagt die Lendersdorfer Schnecke!**

Einsatz findet das Lernheft im regulären Unterricht, zur Einübung des selbständigen Lernens und für Stationen, zur inneren Differnzierung sowie im Förder- bzw. Nachhilfeunterricht, gerade auch im Fach Deutsch.
Die Lösungen im Anhang erleichtern die Kontrolle durch den Lehrer, können aber auch der Selbstkontrolle dienen. Wir wünschen allen, die mit diesem Heft arbeiten, viel Freude und vor allem – guten Lernerfolg!

Christine Cremer und Antje Gräfe

Einige Anmerkungen zum Inhalt:
Auf 32 Seiten kann das Thema „Wald“ nicht erschöpfend behandelt werden. Dieses wäre an der Unterstufe auch nicht sinnvoll. Gute Pädagogik wählt aus. Sie vertraut darauf, dass die Schüler Impulse empfangen und später vertiefen werden. Ergänzend mag der Lehrer Bezug nehmen auf verschiedene Waldformen (Urwald, Bergwald, Hochwald, Schneewald, Regenwald usw.), auf die Vielfalt von Flora und Fauna, auf ökologische und wirtschaftliche Betrachtungen (Umweltschutz, Forstwesen, Holzindustrie usw.). Jedoch dürften die meisten solch hochkomplexer Themen über den Horizont eines Grundschülers weit hinausgehen. Auch das beliebte „Problematisieren“ eines Lerngegenstandes hat wenig Nutzen. Ängste zu schüren (Klimakatastrophe, Waldsterben) ist nicht Aufgabe des Lehrers. Viele Umweltthemen sind Modeerscheinungen, deren Wahrheitsgehalt vom „normalen“ Menschen überhaupt nicht geprüft werden kann.

Was ist ein Wald?

Der Wald ist eine Lebensgemeinschaft. Viele verschiedene Pflanzen und Tiere leben dort eng zusammen. Im Schutz der Bäume fühlen sich viele Tiere wohl. Jedes Lebewesen im Wald hat eine bestimmte Aufgabe, die nur es allein erledigen kann. Deshalb schützen wir den Wald.

Fast überall auf der Welt gibt es Wälder. Sie sehen überall anders aus. Doch alle gehören zu einer der drei Hauptgruppen: Laubwald, Nadelwald oder Regenwald.
Im Laubwald wachsen Buchen, Eichen und Ahornbäume. Im Winter ist der Laubwald kahl. Nadelwälder bleiben auch im Winter grün, weil Kiefern, Fichten und Tannen ihr Laub behalten. Allerdings gibt es einen Nadelbaum, der im Herbst die Nadeln abwirft: die Lärche.
Am schönsten und natürlichsten ist der Mischwald, der bei uns oft zu finden ist. Dort wachsen sowohl Laubbäume als auch Nadelbäume bunt gemischt.

Lies den Text aufmerksam durch. Nimm ein Lineal und lies ein zweites Mal. Unterstreiche dabei die Nomen (Namenwörter). Einige sind in der Einzahl, andere in der Mehrzahl. Unterstreiche die Mehrzahlwörter gelb. Schreibe dann die Nomen in die richtige Spalte. Nomen, die mehrmals vorkommen, musst du nur einmal schreiben.

Einzahl	Mehrzahl

Zeit zum Lernen

Stolz Verlag Lebensgemeinschaft Wald Best.-Nr. 339

Zeit zum Lernen

Was ist ein Wald? – Aufgabenseite

Wenn du die erste Seite fertig bearbeitet hast, kannst du auch diese Aufgaben lösen. Kreuze an, welche Aussagen richtig sind. Die Buchstaben, von oben nach unten gelesen, ergeben den Namen eines Waldtieres.

	richtig	falsch
Wir unterscheiden drei Hauptgruppen von Wäldern: Laubwald, Nadelwald und Regenwald.	H	D
Bei uns wachsen vor allem Regenwälder.	A	I
Nadelbäume sind das ganze Jahr über grün.	R	G
Im Wald gibt es außer Bäumen nichts anderes.	L	S
Buche, Eiche und Ahornbbaum gehören zu den Nadelbäumen.	K	C
Die Lärche ist der einzige Nadelbaum, der im Winter seine Nadeln abwirft.	H	B

Das Lösungswort heißt: ______________________

Nenne drei Nadelbäume:

- ______________________
- ______________________
- ______________________

Nenne drei Laubbäume:

- ______________________
- ______________________
- ______________________

Stolz Verlag Lebensgemeinschaft Wald Best.-Nr. 339

Zeit zum Lernen

Forscherauftrag

Im Wald kannst du geheimnisvolle Sachen entdecken. Dazu musst du genau hinschauen. Nimm ein Gefäß oder einen Stoffbeutel und gehe mit einem guten Freund in den Wald. Sucht gemeinsam

- etwas Duftendes
- etwas Rundes
- etwas Spitzes
- etwas Kleines
- etwas ganz Leichtes
- etwas Glattes
- etwas Stacheliges
- etwas Weiches
- etwas Hartes
- etwas, das hier nicht genannt ist, und das ist so:

____

Weißt du, wie die Dinge heißen, die du gefunden hast?
Breite deine Schätze zu Hause auf dem Tisch aus. Schreibe auf ein Blatt Papier die Namen von den Dingen, die du kennst. Lasse dir dabei von einem Erwachsenen helfen, damit du die Begriffe richtig schreibst. (Richtig zu schreiben ist wichtig, man soll es ja lesen können.)

Arbeitsvorschläge:

1. *Lege mit den Dingen aus dem Wald ein Mandala. Ein Mandala ist ein Kreisbild. Gestalte ein schönes Waldmandala und zeichne es dann ab.*
2. *Bastle mit Zweigen, Blättern, Samen, Nüssen, Früchten, Holzstücken usw. Männchen oder Tiere. Hilfreich sind Zahnstocher und Klebstoff. Stelle deine Figuren auf die Fensterbank.*

Stolz Verlag Lebensgemeinschaft Wald Best.-Nr. 339

Brauchen wir den Wald?

Meine Gedanken zum Text:

Jeder Mensch atmet durch die Lunge, das weißt du schon. Auch der Wald atmet. Er wird oft als „Grüne Lunge" bezeichnet. Wieso das? Ich will es dir erklären: Die Blätter eines Baumes „atmen" die verbrauchte Luft ein und den frischen Sauerstoff aus. Bei uns Menschen ist es umgekehrt: wir atmen den Sauerstoff ein und die verbrauchte Luft aus. Wir brauchen also die Bäume zum Leben!

Der Wald speichert auch große Mengen an Wasser. Das Wasser verdunstet und kühlt die Luft ab. Wo Wälder wachsen, wird das Klima nicht zu trocken und nicht zu kalt sein.

Und noch etwas kann der Wald: die Wurzeln der Bäume festigen den Erdboden. Im Gebirge und an Flüssen ist dies besonders wichtig. Der „Bannwald" ist eine Art Urwald, der vor Lawinen, Erdrutschen oder Hochwasser schützt. Wo große Waldflächen abgeholzt oder gerodet werden, wird sich das Klima ändern. Ja, es kann dort sogar eine Wüste entstehen!

Vom gefährdeten Regenwald hast du schon oft gehört – in Brasilien zum Beispiel werden große Waldflächen abgeholzt. Die Menschen nutzen das Holz zum Heizen, zum Bauen, für die Herstellung von Möbeln und anderen Gegenständen. Auch Papier wird aus Holz hergestellt. Überlege einmal, wie viele Gegenstände um dich herum aus Holz gemacht sind!

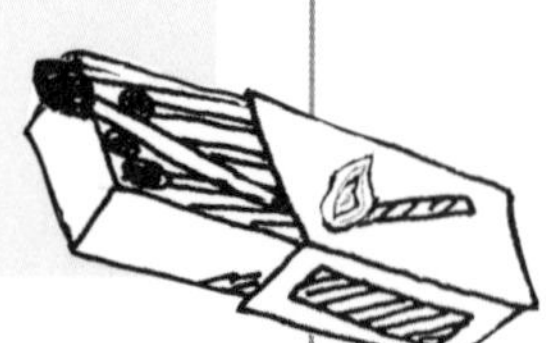

Lies den Text aufmerksam durch. Unterstreiche dabei wichtige Wörter und Sätze. Halte beim Lesen immer wieder inne und denke nach. Notiere im grauen Feld deine Gedanken oder Fragen. Jetzt kannst du die Aufgaben auf der nächsten Seite erledigen.

Zeit zum Lernen
Stolz Verlag Lebensgemeinschaft Wald Best.-Nr. 339

Zeit zum Lernen

Brauchen wir den Wald? – Aufgabenseite

Wer ein Buch liest, wird auch auf Wörter stoßen, die er nicht richtig oder gar nicht versteht. Enthält der Text auf Seite 8 solche Wörter für dich? Wenn du wirklich gescheit werden willst – und das willst du ganz sicher! – dann wirst du diese unverstandenen Wörter nicht einfach überlesen, sondern du wirst deinen Lehrer danach fragen. Suche nun aus dem Text die Wörter heraus, zu denen du Fragen hast. Schreibe sie in dieses Kästchen:

Was ist aus Holz gemacht? Schau dich um, denke nach!
Das Ergebnis deines Nachdenkens kannst du hier aufschreiben. Schlage nach oder frage, wie man die Wörter richtig schreibt. Das ist wichtig, man soll es ja auch lesen können!

Das ist aus Holz gemacht:

Stolz Verlag Lebensgemeinschaft Wald Best.-Nr. 339

Meine Merkwörter:

Wie entsteht ein Wald?

Na, die Menschen pflanzen die Bäume! Auf dem Bild siehst du einen künstlich angelegten Laubwald. Das Foto wurde am Flusslauf des Po in Italien aufgenommen.

Der Laubwald schützt und festigt die Ufer des Flusses. Das ist wichtig bei Überschwemmungen. Die Bäume sind in langen, geraden Reihen im gleichmäßigen Abstand eingepflanzt.
Aber sieht so unser Wald aus, in dem wir Sonntags spazieren gehen? Nein. Aber auch dort wachsen die Bäume nicht da, wo die Samen zufällig hingeweht worden sind. Waldarbeiter sorgen dafür, dass aus unserem Wald kein Urwald wird. Ein Urwald ist ein unberührter Wald. Darin könntest du nicht mehr spazieren gehen. Jeder Wald würde rasch zuwuchern, wenn der Mensch dort nicht „aufräumen" und das Unterholz auslichten würde.

Und wie entsteht nun ein Urwald? Ganz einfach. Sag deinen Eltern, sie sollen im Garten weder Gras mähen, noch Unkraut jäten. In einigen Jahren ist im Garten ein kleiner Wald herangewachsen. Wo die Natur sich unberührt ausbreiten kann, wächst immer ein Wald. Man muss nur Geduld haben.

Zeit zum Lernen
Stolz Verlag Lebensgemeinschaft Wald Best.-Nr. 339

Zeit zum Lernen

Der Mischwald

Im Mischwald wachsen Laubbäume und Nadelbäume, bunt gemischt. Die Bäume sind unterschiedlich hoch, und dazwischen wuchert Buschwerk. Auch die Baumwurzeln sind unterschiedlich lang. Deshalb ist der Mischwald ein sehr lebendiger und starker Wald. Der Wind kann ihm nicht sehr schaden. Viele Gräser, Pilze, Kräuter und Blumen gedeihen zwischen den Bäumen. Im Mischwald fühlen sich auch Tiere besonders wohl. Der Mischwald ist ein gesunder und natürlicher Wald. Wo ein alter Baum gefällt wird, wächst sofort ein junger Baum nach. Für die gute Mischung sorgt die Natur selbst.

Zeichnen

Arbeitsanweisungen

1. *Lies den Text aufmerksam. Lies ein zweites Mal und unterstreiche dabei mit einem Leuchtstift die Wörter, die du dir besonders gut merken willst.*
2. *Was siehst du auf dem Bild? Erkläre. Setze dann die Zeichnung fort, bis das Kästchen gefüllt ist. Male bunt aus! Die Wurzeln reichen bis zum Grundwasser hinab. Male dieses blau!*
3. *Schreibe unten auf die Linien deine Merkwörter auf.*

Stolz Verlag Lebensgemeinschaft Wald Best.-Nr. 339

Der Nadelwald

Wenn du durch einen Fichtenwald gehst, wanderst du über einen Teppich aus braunen Nadeln, denn auch Nadelbäume werfen nach und nach ihre Blätter ab, aber nicht alle auf einmal. Nadelbäume bleiben auch im Winter grün.
Im Fichtenwald ist dunkel und still – fast ein wenig unheimlich.
Der Fichtenwald ist kein natürlich gewachsener Wald. Menschen haben ihn angepflanzt, weil sie das Holz brauchen. Fichten wachsen rasch, das Holz ist weich und lässt sich leicht bearbeiten. Papier, Balken, Bretter und Möbel werden daraus gemacht.
Im Fichtenwald sind alle Bäume gleichhoch. Ein starker Sturm kann die Bäume am Waldrand umknicken. Das nennen wir Windbruch.

Zeichnen

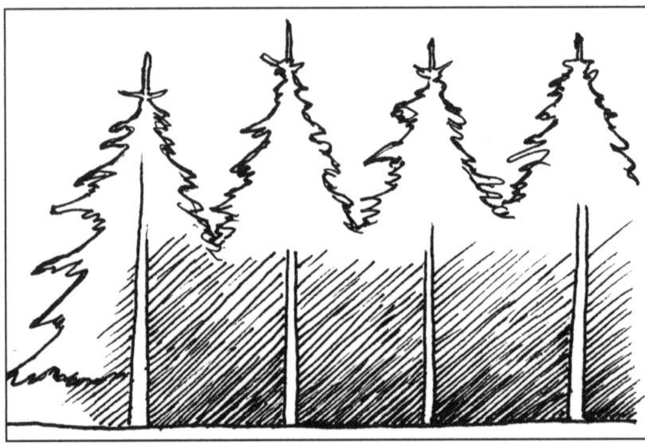

Arbeitsanweisungen

1. *Lies den Text aufmerksam. Lies ein zweites Mal und unterstreiche dabei mit einem Leuchtstift die Wörter, die du dir besonders gut merken willst.*
2. *Was siehst du auf dem Bild? Setze dann die Zeichnung fort bis zum Rand, male bunt!*
3. *Schreibe dann deine Merkwörter unten auf.*

Zeit zum Lernen
Stolz Verlag Lebensgemeinschaft Wald Best.-Nr. 339

Zeit zum Lernen

Die Jahresringe

Bäume wachsen ihr ganzes Baumleben lang, und das geschieht langsam und immer dem Licht entgegen. Doch auch der Umfang des Baumstammes wächst, im Jahr um bis zu 2,5 Zentimeter. Sehr alte Bäume haben sehr dicke Stämme.
Wenn ein Baum gefällt wird, sieht man auf der Baumscheibe viele Ringe. Solltest du beim nächsten Waldspaziergang an einem Stapel Baumstämme vorüberkommen, betrachte die Baumscheiben aufmerksam! Jedes Jahr entsteht ein neuer Ring aus Holz. Daher nennt man diese Ringe Jahresringe.

Arbeitsanweisungen

1. *Wie stellst du das Alter eines Baumes fest? Das weißt du jetzt, wenn du aufmerksam gelesen hast. Schreibe deine Antwort auf.*
2. *Wie alt war der Baum, dessen Baumscheibe du unten siehst? Schreibe auch diese Antwort auf.*
3. *Male die Baumscheibe aus. Die Jahresringe sind braun, das Splintholz zwischen den Ringen ist hellbraun bis gelb. Schneide die Zeichnung aus und klebe sie in dein Heft. Lies die vier Begriffe laut und zeige.*

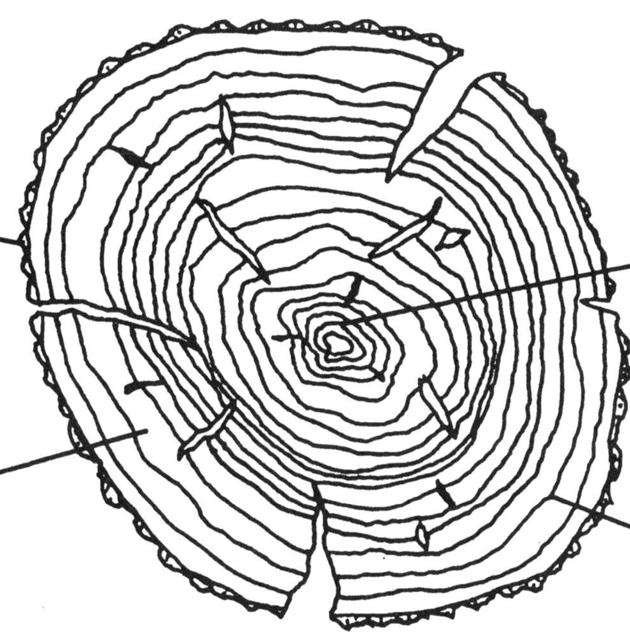

Stolz Verlag Lebensgemeinschaft Wald Best.-Nr. 339

Zeit zum Lernen

Was wir im Herbst im Wald finden

Jede Baumart hat andere Blätter. Auch die Blüten und die Früchte unterscheiden sich. Im Herbst findest du am Boden viele gelbe Blätter und verschiedene Früchte.

Kennst du die Namen der Blätter und Früchte? Welche Frucht gehört zu welchem Blatt? Verbinde durch Striche. Erledige dann die Aufgaben auf der nächsten Seite.

Ahornblatt, Buchenblatt, Eichenblatt, Kastanienblatt	Eichel, Ahornfrucht, Kastanie, Buchecker

____

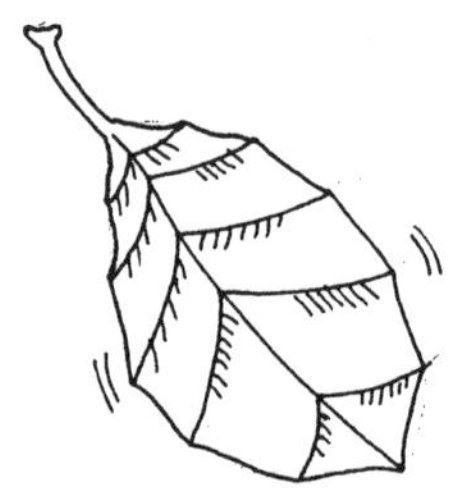

K _______________

B _______________

____

____

E _______________

A _______________

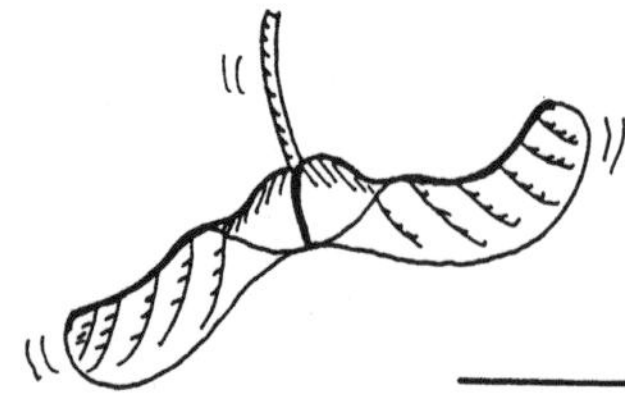

____

Stolz Verlag Lebensgemeinschaft Wald Best.-Nr. 339

Herbst im Laubwald

Meine Merkwörter:

Sicher hast du schon einmal an einem sonnigen Herbsttag einen Spaziergang im Wald unternommen. Freundlich schimmert das Sonnenlicht durch das rotgelbe Laub. Hier und da löst sich ein Blatt und schaukelt lautlos herunter. Unter den Füßen raschelt das bereits abgefallene Laub. Bald werden die Laubbäume völlig kahl sein. Sie bereiten sich durch das Abwerfen der Blätter auf den Winter vor.
Worin liegt der Sinn? Im Winter ist die Erde gefroren. Die Baumwurzeln können wenig oder gar kein Wasser aufnehmen. Über seine Blätter „atmet" der Baum, wie wir wissen. Er scheidet dabei Wasser aus. Wenn seine Wurzeln wenig oder kein neues Wasser „trinken" können, muss der Baum vertrocknen. Also hat die Natur es so eingerichtet, dass die Blätter des Laubbaumes im Herbst abfallen. Der Laubbaum hält sozusagen eine Art „Winterschlaf".

Im Spätherbst bedeckt eine dicke Blätterschicht den Waldboden. Was geschieht mit diesem Laub? Es gibt viele kleine und winzige Lebewesen, die sich über die abgefallenen Blätter hermachen und daran fressen. Dabei vermodert das Laub. Und nach einigen Wochen sind die Blätter zu frischem Humus geworden. Das ist neue Nahrung für unseren Laubbaum!

Buche mit Blatt

Zeit zum Lernen
Stolz Verlag Lebensgemeinschaft Wald Best.-Nr. 339

Zeit zum Lernen

Verschiedene Bäume im Wald (1)

Stolz Verlag Lebensgemeinschaft Wald Best.-Nr. 339

Verschiedene Bäume im Wald (2)

Die Texte in den Kästchen gehören zu den Abbildungen auf der linken Seite (Seite 16). Schneide die Kästchen sorgfältig aus. Ordne sie den richtigen Abbildungen zu und klebe dann die Textfelder ein.

Die **Waldkiefer** wird sehr hoch. Sie überragt die anderen Bäume. Ihre Nadeln sind lang und paarweise zusammengewachsen. Die Kiefernzapfen sind rundlich.

Je älter die **Eiche** ist, desto knorriger sind Stamm, Äste und Zweige. Eichenblätter sind leicht zu erkennen: sie sind wellenförmig eingebuchtet. Die Früchte heißen Eicheln.

Die **Fichte** ist ein immergrüner Baum. Die kurzen, harten Nadeln sind um den Zweig herum angeordnet. Die langen Fichtenzapfen wachsen nach unten.

Die **Buche** ist leicht zu erkennen. Ihr Stamm ist glatt und von grauer Farbe. Die Blätter sind leicht gezahnt und haben regelmäßige Blattadern.

Gedächtnistraining
Wenn die Texte eingeklebt sind: Decke die Textfelder ab und wiederhole aus dem Gedächtnis, was du dir gemerkt hast!

Zeit zum Lernen
Stolz Verlag Lebensgemeinschaft Wald Best.-Nr. 339

Die Stockwerke des Waldes (1)

Meine Merkwörter:

Gleich zu Beginn haben wir gelernt: der Wald ist eine Lebensgemeinschaft. Es leben dort viele verschiedene Pflanzen und Tiere zusammen. Täglich müssen sie sich ihren Platz zum Leben neu erobern, sonst werden sie verdrängt. Zwischen den Pflanzen zum Beispiel herrscht ein ständiger „Kampf" um das Licht. Deshalb streben sie alle nach oben. Aber nicht jede Pflanze kann so groß werden wie die Bäume es sind! Auch die Baumkeimlinge schaffen es nicht alle, groß zu werden. Einige verkümmern schon in den ersten Jahren und sterben ab. Solche „Kümmerlinge" kannst du bei einem Spaziergang im Wald entdecken.

Pflanzen und Tiere richten es sich so ein, dass sie in einem bestimmten „Stockwerk" des Waldes leben können, ein jeder dort, wo die Lebensbedingungen für ihn gut genug sind. Den Wald kann man in vier „Stockwerke" einteilen.

Lies den Text aufmerksam durch. Unterstreiche deine Merkwörter und notiere sie rechts. Die Schildchen in der Skizze tragen keine Beschriftung. Das sollst du machen. Damit du weißt, was eingetragen werden muss, lies vorher den Text auf Seite 19.

Zeit zum Lernen
Stolz Verlag Lebensgemeinschaft Wald Best.-Nr. 339

Die Stockwerke des Waldes (2)

1. Bodenschicht

Im untersten Stockwerk gedeihen Pflanzen, die nur wenige Zentimeter hoch werden, zum Beispiel Moose, Flechten, Pilze. In einem Kilogramm Waldboden leben Millionen von Kleinstlebewesen. Sie sind so winzig, dass unser bloßes Auge sie nicht sehen kann. Diese Bodenlebewesen ernähren sich von abgestorbenen Pflanzenteilen, Blättern, Nadeln und toten Tieren. Es sind Bakterien, Algen, Pilze, Milben. Asseln und Regenwürmer kann man bei ihrer „Arbeit" zusehen. Eine gesunde, lebendige Bodenschicht ist für das Leben auf der Erde wichtig: Der Waldboden speichert das Wasser wie ein Schwamm und reinigt es.

2. Krautschicht

Die Kräuter und Gräser im zweiten Stockwerk werden höchstens einen Meter hoch. Im Sommer lassen die grünen Baumkronen nicht viel Licht durch. Die meisten von ihnen blühen deshalb im Frühjahr, wenn der Wald noch licht ist, zum Beispiel Schneeglöckchen, Veilchen, Buschwindröschen, Maiglöckchen. Sobald der Sommer kommt, sterben die grünen Teile dieser Pflanzen ab. Sie ziehen sich in den Boden zurück – bis zum nächsten Frühjahr.

3. Strauchschicht

Das dritte Stockwerk reicht in eine Höhe bis zu 5 Meter. Hier finden wir junge Bäume und Sträucher. Im Herbst tragen viele Sträucher herrliche Früchte und Samen: Himmbeeren, Brombeeren, Haselnuss.

4. Baumschicht

Alles, was höher als 5 Meter wird, lebt im 4. Stockwerk und hat die beste Aussicht. Bis zu 50 Meter hoch reichen manche Baumkronen hinauf! Sie bilden ein schützendes Dach über dem „Waldhaus". Im Herbst fallen von den Laubbäumen die Blätter zum Boden und werden dort von den Bewohnern der Bodenschicht wieder zu Humus verarbeitet.

Stolz Verlag Lebensgemeinschaft Wald Best.-Nr. 339

Die Stockwerke des Waldes (3)

Arbeitsanweisungen

1. Auf den Seiten 18 und 19 hast du viele Informationen bekommen. Auch du hast ein höchstes Stockwerk, das ist dein Kopf. Ob jetzt der neue Lernstoff dort eingezogen ist, wirst du gleich prüfen können, wenn du die folgenden Fragen beantwortest. Möchtest du vorher noch einmal den Text lesen? Nur zu. Lege dann die Blätter beiseite und antworte, ohne noch einmal nachzuschauen. Antworte möglichst in ganzen Sätzen.

1. Welche Pflanzen wachsen in der Bodenschicht?	
2. Welche Tiere leben in der Bodenschicht?	
3. Weshalb ist eine lebendige Bodenschicht so wichtig?	
4. In welchem „Stockwerk" blühen im Frühjahr viele Waldblumen? Kannst du einige aufzählen?	
5. Weshalb sterben die meisten Frühblüher schon im Sommer ab?	
6. Wie heißt das dritte „Stockwerk"? Wie hoch werden die Pflanzen?	
7. Nenne drei Pflanzen, die im dritten „Stockwerk" des Waldes wachsen.	
8. Wo beginnt das vierte „Stockwerk", und wie hoch werden Bäume?	
9. Was geschieht mit den Blättern, die von den Bäumen herunterfallen?	

Stolz Verlag Lebensgemeinschaft Wald Best.-Nr. 339

Wunderbarer Ahorn

Ahornholz ist wertvoll. Man verwendet es, um daraus Treppen oder Möbel wie Tische, Stühle und Betten herzustellen. Auch Flöten, Gitarren, Sportgeräte und Kinderspielzeug macht man daraus. Früher glaubten die Menschen, der Ahorn vertreibe Hexen. Sie schmückten Türen und Stuben mit Ahornzweigen. Hexen sollten von Ställen abgehalten werden, wenn Zapfen aus Ahornholz in die Türen und Schwellen eingeschlagen waren. Ahornzweige schützten angeblich vor Blitzschlag. Kartoffel- und Flachsfelder wurden im Juni mit Ahornzweigen umstellt, um die Maulwürfe zu vertreiben. Im Elsass sagt man, Ahornzweige an Türen hielten die Fledermäuse vom Hause fern. In der Volksmedizin werden die am 24. Juni gepflückten Ahornblätter getrocknet und in kochendem Wasser erweicht. Sie gelten bei allen Wunden als heilkräftig.

Das Ahornblatt sieht einer Hand ähnlich. Es ist „gefingert".
Die Blattadern verlaufen strahlenförmig in die „Finger".

Wenn du in deiner Umgebung ein Ahornblatt auftreiben kannst, bringe es mit nach Hause. Zeichne es genau ab. Wenn du kein Blatt aus der Natur findest, nimm diese Abbildung als Vorlage.

Zeichne sehr genau!

Zeit zum Lernen

Stolz Verlag Lebensgemeinschaft Wald Best.-Nr. 339

Wo es dunkel und feucht ist ...

Meine Merkwörter:

Wo es dunkel und feucht ist, wächst **Moos** besonders gut. Moos ist wie ein grüner, weicher Teppich. Es überzieht Steine und Baumstümpfe. Es wächst auf Mauern und Baumrinden. Moos ist ein Überlebenskünstler. Ein Stück Laubmoos, das jahrelang getrocknet war, kann man wieder zum Leben erwecken, wenn die ganze Pflanze in Wasser getaucht wird. Moose haben keine Wurzeln, sie nehmen das Wasser mit den Blättern

auf. Sie sind richtige Wasserspeicher. Wie ein Schwamm halten sie das Regenwasser fest. Diese Eigenschaft macht die Moose für den Wald so wertvoll.

Auch die **Farne** mögen es dunkel und feucht. Sie gedeihen an schattigen und feuchten Plätzen im Wald, in Felsspalten und Schluchten und an Bachufern. Der Farn ist eine der ältesten Pflanzen der Erde. In Urzeiten wurde der Farn so groß wie heutzutage die Bäume.

Im Frühjahr entrollt sich der Farn spiralig und entfaltet seine gefiederten-Blätter. Der Farn ist leicht giftig. Er wird als Heilpflanze verwendet.

1. Lies aufmerksam, unterstreiche die Merkwörter und schreibe sie rechts heraus.

2. Wiederhole mündlich!

Zeit zum Lernen
Stolz Verlag Lebensgemeinschaft Wald Best.-Nr. 339

Wie heißen diese Pflanzen?

1

2

3

4

5

6

7

8

Arbeitsanweisungen

1. *Betrachte die Bilder. Schneide sie aus und klebe sie untereinander in dein Heft. Lasse rechts neben jedem Foto Platz zum Schreiben. Du kannst dort saubere Schreiblinien mit Lineal ziehen.*
2. *Trage neben jedem Bild den Namen der Waldpflanze ein. Suche selbst weitere Informationen und schreibe sie dazu. Die Namen sind hier in veränderter Reihenfolge abgedruckt:*

Baumpilze, Brombeere, Ebereschenblatt, Farnwedel, Fliegenpilze, Haselnussblatt, Steinpilze, Walderdbeere

Stolz Verlag Lebensgemeinschaft Wald Best.-Nr. 339

Bewohner der Bodenschicht

Millionen Klein- und Kleinstlebewesen bevölkert den Wald. Der Waldboden lebt! Hier lernst du einige Waldbodenbewohner kennen:

Zwischen den herbstbraunen Blättern leben kleine Schnecken. Das winzige Häuschen ist bräunlich gefärbt, so schützen sie sich vor Feinden und tarnen sich vor neugierigen Blicken. Die Kleinschnecken vertilgen welkes Laub und mögen auch morsches Holz.
Nicht gerade appetitlich sehen die Asseln aus. Eine 10 Millimeter große Assel kann man mit bloßem Auge recht gut sehen. Sie läuft auf sieben Paar Beinen und verzehrt abgestorbene Pflanzenteile oder Aas. Übrigens ist die Assel mit den Krebsen verwandt!
Du bückst dich zum Waldboden herab. In dem Moment hörst du ein leises „Klick". Was war das? Ich sage es dir: das war der Schnellkäfer. Sein englischer Namen ist „Click Beetle". Den Namen hat er von dem Geräusch, das er macht. Wenn er wie eine Rakete hochschnellt, knipst es gut hörbar. Und das hast du eben beim Bücken vernommen.
Der winzige Springschwanz ist mit bloßem Auge kaum zu sehen. Mit seinem Hinterleib bewegt er sich springend nach vorn. Er ernährt sich von Bakterien, Pilzen, Pollen und anderer organischer Substanz. Auf einem Quadratmeter Waldboden können bis zu 100.000 Springschwänze leben!
Bestimmt hast du dieses Tier schon gesehen, ohne seinen Namen zu kennen: den Erdläufer. Er gehört zu der Großgruppe der Tausendfüßer. Der schlanke, gegliederte Körper ist sehr wendig. Wenn er aufgestöbert wird, verschwindet er flink im nächsten Versteck. Mit seinen vielen Beinen scheint er über den Boden zu „fließen".

Arbeitsanweisungen

1. Lies den Text aufmerksam. Unterstreiche die Namen der Tiere, von denen die Rede ist.
2. Schneide die Fotos der Kleintiere aus und klebe sie untereinander in dein Heft.
3. Ziehe einen Strich mit dem Lineal neben dem Bild. Schreibe dort den Namen des Tieres auf.

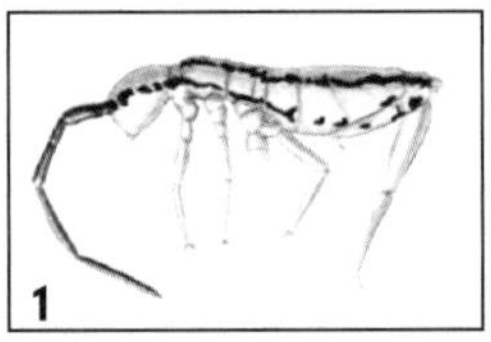
1

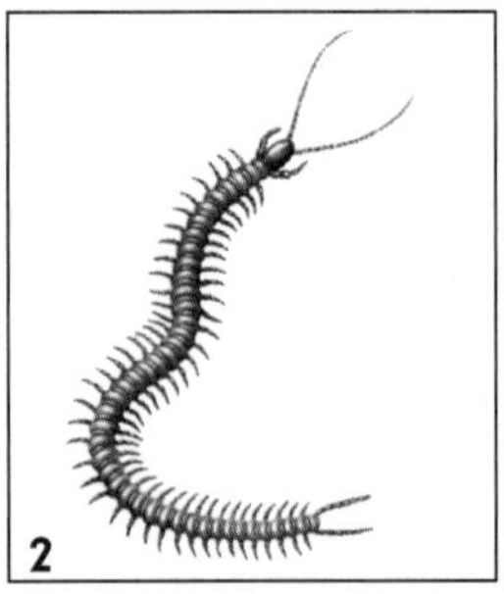
2

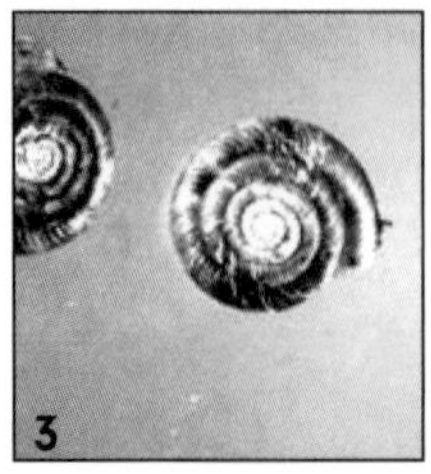
3

4

5

Stolz Verlag   Lebensgemeinschaft Wald   Best.-Nr. 339

Zeit zum Lernen

Der Ameisenhaufen

Meine Merkwörter:

Plötzlich stehst du im Wald vor einem riesigen, braunen Haufen aus Tannennadeln und Ästchen. Du hast die Wohnung eines Ameisenvolkes entdeckt. In den Gängen unter dem Nadelhaufen lebt die Rote Waldameise. Ein Ameisenhaufen kann mannshoch werden, er bietet Platz für etwa eine Million Ameisen. Zerstöre niemals einen Ameisenbau! Die Rote Waldameise ist für unseren Wald sehr nützlich. Sie zerkleinert Pflanzenabfälle und hilft auf diese Weise mit, Humus zu bilden.

Eine Waldameisenarbeiterin ist sehr stark. Sie kann Lasten bis zum 40fachen ihres Körpergewichts bewegen. Sie wird etwa 6 Jahre alt. Die Ameisenkönigin erreicht ein Alter von 25 Jahren. Hocke dich hin und beobachte: emsig laufen die Ameisen hin und her, schleppen Ästchen und andere „Waldabfälle" in den Bau. Störe sie nicht, dann tun sie dir nichts.

Die Ameisen in Europa halten Winterruhe. Sie verkriechen sich in den unterirdischen Nestteil und fallen in Winterstarre. Im Frühjahr, wenn sich die ersten Sonnenstrahlen zeigen, krabbeln sie aus ihrem Winterquartier hervor und wärmen sich in der Sonne.

Ameisen zählen zu den Insekten.

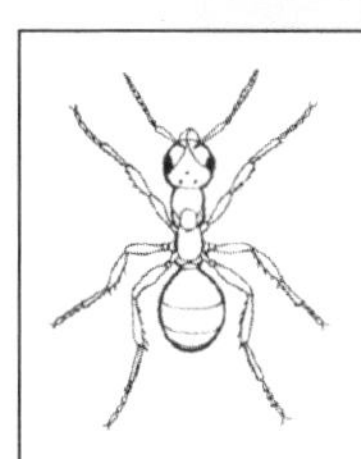

Arbeitsanweisungen

1. *Lies den Text aufmerksam und unterstreiche dabei mit einem Leuchtstift „deine" Merkwörter.*
2. *Schreibe die Merkwörter rechts in das graue Feld.*
3. *Knicke das Blatt so, dass nur die Merkwörterleiste sichtbar ist. Wiederhole, was du gelesen hast.*

Zeit zum Lernen

Stolz Verlag Lebensgemeinschaft Wald Best.-Nr. 339

Meine Merkwörter:

Ein Presslufthammer im Wald?

Was rattert denn da? Ist ein Mensch mit Presslufthammer unterwegs? Oh nein, es ist der Zimmermann des Waldes, der dieses Geräusch erzeugt: der Buntspecht. Mit großem Kraftaufwand und erstaunlicher Ausdauer klopft er mit seinem Schnabel gegen Baumstämme. Das Holz fliegt ihm in Spänen um den bunten Kopf. Er „sitzt" auf seinem Stützschwanz, während sein Schnabel 20mal pro Sekunde zuschlägt. Das ist ungeheuer schnell! Der Schnabel prallt mit circa 25 km/h auf den harten Baumstamm auf. Aber Kopfschmerzen bekommt der Vogel dabei nicht.

Was macht der Specht denn da?
Erstens sucht er nach Futter. Dieses findet er unter der Baumrinde: Larven und Insekten. Zweitens zimmert er sich eine Nisthöhle. Das hören auch die Spechtweibchen. Wenn so ein Männchen besonders laut und schnell klopfen kann, muss es ein starkes und gesundes Männchen sein! Darauf „fliegen" die Spechtweibchen.

Arbeitsanweisungen

1. *Lies den Text aufmerksam. Stelle dir genau vor, was du liest.*
2. *Unterstreiche mit einem Leuchtmarker wichtige Wörter. Schreibe sie rechts in den grauen Rand.*
3. *Lege den Text beiseite und wiederhole, was du dir gemerkt hast.*
4. *Für interessierte Lesespechte: Suche noch weitere Informationen zum Thema. Berichte in der Klasse darüber.*

Zeit zum Lernen
Stolz Verlag Lebensgemeinschaft Wald Best.-Nr. 339

Wo sich Fuchs und Hase „Gute Nacht" sagen

Der Wald ist Heimat für viele kleine und große Säugetiere. Hier zählen wir einige davon auf. Deine Aufgabe ist es, die Namen in die richtigen Felder zu schreiben. Schreibe mit Bleistift, damit du falsche Eintragungen radieren und verbessern kannst.

Es klettert und hüpft geschickt von Ast zu Ast. Sein buschiger Schwanz dient ihm als Steuer. Es knackt gern Nüsse.	
Das Tierchen ist nur 8 Gramm schwer und hat einen langen Schwanz sowie eine spitze Schnauze mit Barthaaren.	
Dieses langohrige Tier gräbt große Wohnbauten unter der Erde. Dort versteckt es sich bei Gefahr. Es lebt mit anderen zusammen in Gruppen.	
Er hat einen roten Pelz und geht nachts auf die Jagd. In der Fabel heißt er Reineke und ist schlau.	
Er sieht einem Eichhörnchen ähnlich, ist aber viel kleiner. Seinen Namen hat er, weil er einen sieben Monate dauernden Winterschlaf hält.	
Er schläft in den Nestern von Vögeln oder Eichhörnchen. Sein Körper ist lang und schlank. Nachts jagt er kleine Tiere und Insekten.	
Das etwa 20 Kilo schwere Tier hat ein markantes Gesicht. Es ist weiß und hat beidseitig einen schwarzen Streifen, der von der Nase über das Auge zum Ohr verläuft. Er ist ein typisches Waldtier.	
Die Jungen dieses großen Waldtieres werden Frischlinge genannt, das Männchen ist ein Keiler, das Weibchen die Bache. Es wird gern gejagt.	
Das Männchen trägt ein Stangengeweih. Weibliche Tiere heißen Hirschkuh, Jungtiere sind Kälber. Man jagt sie.	
Das männliche Tier nennt man in der Jägersprache Bock, das weibliche Ricke, das Junge Kitz. Der Bock trägt ein Geweih. Die Tiere werden gejagt.	

Dachs Eichhörnchen Fuchs Kaninchen Marder Reh
Rothirsch Siebenschläfer Waldspitzmaus Wildschwein

Zeit zum Lernen
Stolz Verlag Lebensgemeinschaft Wald Best.-Nr. 339

Ein Wald-Suchsel

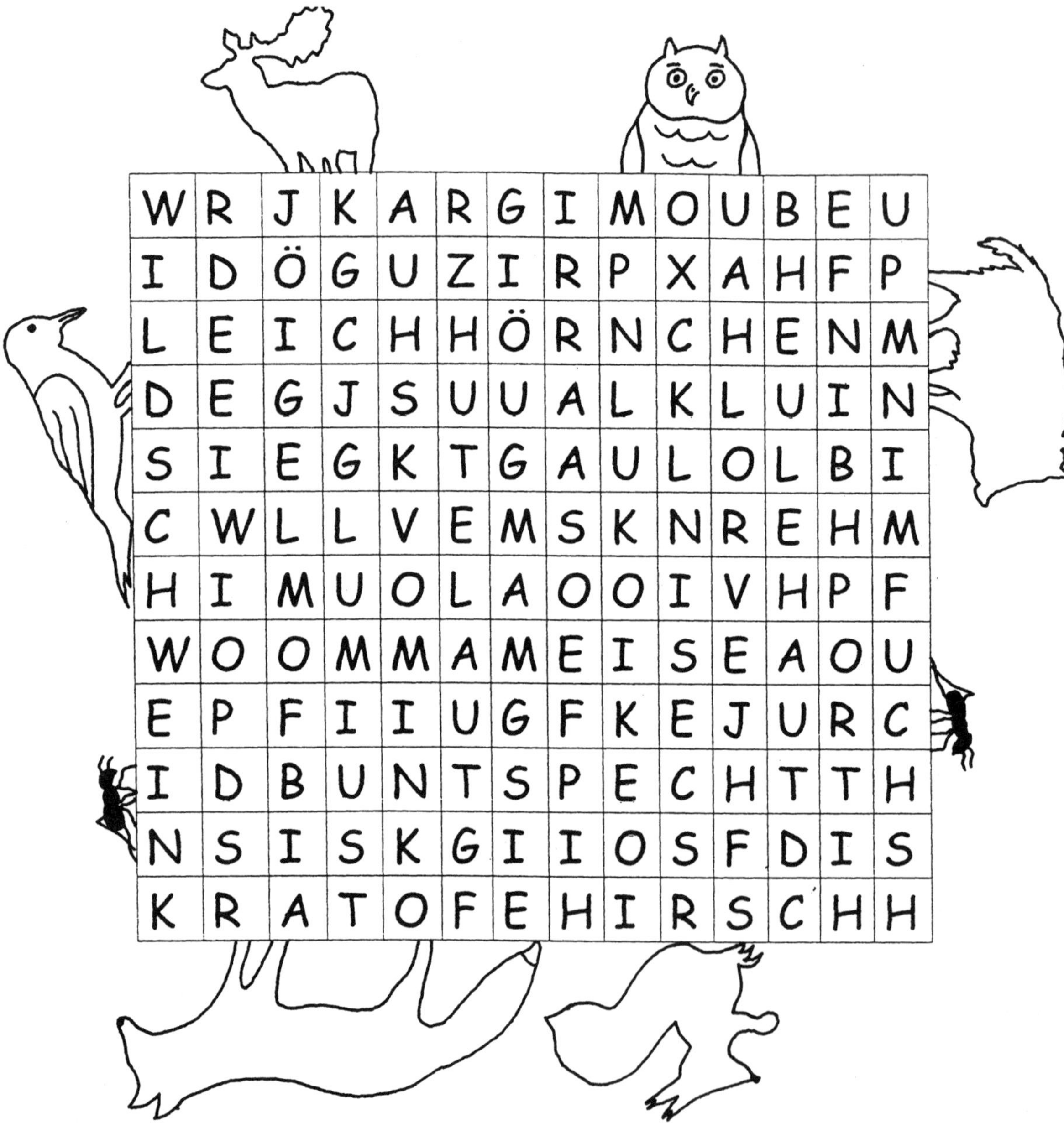

W	R	J	K	A	R	G	I	M	O	U	B	E	U
I	D	Ö	G	U	Z	I	R	P	X	A	H	F	P
L	E	I	C	H	H	Ö	R	N	C	H	E	N	M
D	E	G	J	S	U	U	A	L	K	L	U	I	N
S	I	E	G	K	T	G	A	U	L	O	L	B	I
C	W	L	L	V	E	M	S	K	N	R	E	H	M
H	I	M	U	O	L	A	O	O	I	V	H	P	F
W	O	O	M	M	A	M	E	I	S	E	A	O	U
E	P	F	I	I	U	G	F	K	E	J	U	R	C
I	D	B	U	N	T	S	P	E	C	H	T	T	H
N	S	I	S	K	G	I	I	O	S	F	D	I	S
K	R	A	T	O	F	E	H	I	R	S	C	H	H

Welche Wald-Wörter verstecken sich hier? Es sind insgesamt 10.
Schreibe diese Wörter hier auf:

Zeit zum Lernen
Stolz Verlag   Lebensgemeinschaft Wald   Best.-Nr. 339

Zeit zum Lernen

Seite 5

Einzahlwörter:	Wald, Lebensgemeinschaft, Schutz, Lebewesen, (Wald), Aufgabe, (Wald), Welt, Laubwald, Nadelwald, Regenwald, (Laubwald), Winter, (Laubwald), (Winter), Laub, Nadelbaum, Herbst, Lärche, Mischwald
Mehrzahlwörter:	Pflanzen, Tiere, Bäume, (Tiere), Wälder, Hauptgruppen, Buchen, Eichen, Ahornbäume, Nadelwälder, Kiefern, Fichten, Tannen, Nadeln, Laubbäume, Nadelbäume

Seite 6

Das Lösungswort heißt HIRSCH

Seite 13

1. Die Anzahl der Jahresringe gibt das Alter an.
2. Der Baum ist 18 Jahre alt.

Seite 14

Kastanienblatt + Kastanie
Buchblatt + Buchecker
Ahornblatt + Ahornfrucht
Eichenblatt + Eichel

Seite 16

Die Bilder von oben nach unten zeigen: Waldkiefer, Fichte, Buche, Eiche

Seite 18

Skizzenbeschriftung von oben nach unten: Baumschicht, Strauchschicht, Krautschicht, Bodenschicht

Seite 20

Die Antworten gehen aus Seite 19 hervor.

Seite 23

1. Farnwedel 2. Ebereschenblatt 3. Haselnussblatt 4. Fliegenpilze 5. Baumpilze, 6. Steinpilze 7. Walderdbeere 8. Brombeere

Stolz Verlag Lebensgemeinschaft Wald Best.-Nr. 339

Zeit zum Lernen

Seite 24

1. Springschwanz 2. Erdläufer 3. Schnecken 4. Asseln 5. Schnellkäfer

Seite 27

Die Tiere von oben nach unten:
Eichhörnchen, Waldspitzmaus, Kaninchen, Fuchs, Siebenschläfer, Marder, Dachs, Wildschwein, Rothirsch, Reh

Seite 28

Die Suchsel-Tiere:
Wildschwein, Eichhörnchen, Igel, Uhu, Eule, Reh, Ameise, Buntspecht, Hirsch, Fuchs

LÖSUNG:

W	R	J	K	A	R	G	I	M	O	U	B	E	U
I	D	Ö	G	U	U	I	R	P	X	A	H	F	P
L	E	I	C	H	H	Ö	R	N	C	H	E	N	M
D	E	G	J	S	U	U	A	L	K	L	U	I	N
S	I	E	G	K	T	G	A	U	L	O	L	B	I
C	W	L	L	V	E	M	S	K	N	R	E	H	M
H	I	M	U	O	L	A	O	O	I	V	H	P	F
W	O	O	M	M	A	M	E	I	S	E	A	O	U
E	P	F	I	I	U	G	F	K	E	J	U	R	C
I	D	B	U	N	T	S	P	E	C	H	T	T	H
N	S	I	S	K	G	I	I	O	S	F	D	I	S
K	R	A	T	O	F	E	H	I	R	S	C	H	H

Stolz Verlag Lebensgemeinschaft Wald Best.-Nr. 339

Stolz Verlag

Schneidhausener Weg 52, 52355 Düren, Tel. (02421) 5 79 79 info@stolzverlag.de

Deutsch

Aufsatzschreiben kinderleicht
Werkstatthefte 3./4. Schuljahr
Märchen & Fabeln *Best.-Nr. 309*
Fortsetzungsgeschichten *Nr. 310*
Reizwortgeschichten *Best.-Nr. 308*

Die Aufsatzwerkstatt
Beispiele, Übungen, Lösungen ab 5. Schj.
Erzählen und Fabulieren *Nr. 309*
Nacherzählung und Inhaltsangabe *Best.-Nr. 307*
Gegenstands- und Vorgangsbeschreibung *Best.-Nr. 308*
Protokoll, Exzerpt, Zusammenfassung *Best.-Nr. 305*

Aufsatz-Trainer 3.- 5. Sj. *Best.-Nr. 066*

Der Schneemann im Kühlschrank (Bildergeschichten)
3. bis 5. Schuljahr *Best.-Nr. 143*

Mini-Bildergeschichten ab 2. Sj.
Wortschatz erweitern *Best.-Nr. 144*

Grammatik kinderleicht
Grundlagenwissen für alle
ab 3. Schuljahr *Best.-Nr. 248*

Satzbau Blödelmeister
Grammatik-Spiel *Best.-Nr. 162*

Workshop Grammatik 5./7. Sj.
Substantive *Best.-Nr. 171*
Adjektive *Best.-Nr. 172*
Zeichensetzung *Best.-Nr. 173*
das oder dass *Best.-Nr. 174*

Grammatik Grundwissen
ab Ende 3. Schuljahr, Orientierungsstufe
Band 1: **Wortlehre** *Best.-Nr. 060*
Band 2: **Satzlehre** *Best.-Nr. 061*

Grammatikstunde 5. bis 10. Sj.
Übungen und Lösungen *Best.-Nr. 062*

Freude an Reim und Rhythmus
Gedichte im Unterricht
3. bis 6. Schuljahr *Best.-Nr. 141*

Besser lesen lernen mit Märchen, Sagen und Fabeln
ab 2. Schuljahr *Best.-Nr. 276*

Sachtexte lesen & verstehen
ab 5. Schuljahr *Best.-Nr. 106*

Zehn Minuten täglich üben
Nachhilfe Deutsch ab 5. Sj. *Best.-Nr. 210*

Handschrift-Trainer
Schöner schreiben – besser schreiben – schneller und sicherer lesen. Ein Übungsprogramm ab 10 Jahre *Best.-Nr. 354*

Lesetraining

ORIGINAL-LESETRAINING von Karin Pfeiffer

1. Schuljahr *Best.-Nr. 031*
2. Schuljahr *Best.-Nr. 032*
3. Schuljahr *Best.-Nr. 033*
4. Schuljahr *Best.-Nr. 034*
5. Schuljahr *Best.-Nr. 035*
6. Schuljahr *Best.-Nr. 036*
7. Schuljahr *Best.-Nr. 037*
8/9. Schuljahr *Best.-Nr. 287*

Lesetraining-Übungshefte:

1. Schuljahr *Nr. 291* **5. Schuljahr** *Nr. 295*
2. Schuljahr *Nr. 292* **6. Schuljahr** *Nr. 296*
3. Schuljahr *Nr. 293* **7. Schuljahr** *Nr. 297*
4. Schuljahr *Nr. 294* **8./9. Schulj.** *Nr. 298*

Lesetraining für Legastheniker
ab 2. Schuljahr *Best.-Nr. 126*

Lektüren & Co.

TRAUMFABRIK-LITERATURBLÄTTER
Ergänzendes Übungsmaterial zur Lektüre; jedes Heft 32 Seiten DIN-A4.

Der Buchstabenvogel
1. Schuljahr *Best.-Nr. 184*
Mufti, der kleine freche Dino
ab 1. Schuljahr *Best.-Nr. 209*
Wie die Katze zum K kam
ab 1. Schuljahr *Best.-Nr. 208*
Sofie macht Geschichten
ab 1. Schuljahr *Best.-Nr. 108*
Der Findefuchs
ab 2. Schuljahr *Best.-Nr. 028*
Hanno malt sich einen Drachen
ab 2. Schuljahr *Best.-Nr. 189*
Die Olchis sind da
ab 2. Schuljahr *Best.-Nr. 205*
Igel, komm, ich nehm dich mit
ab 2. Schuljahr *Best.-Nr. 185*
Das Schlossgespenst
ab 2./3. Schuljahr *Best.-Nr. 093*
Das Vamperl
ab 3. Schuljahr *Best.-Nr. 159*
Ben liebt Anna
ab 3. Schuljahr *Best.-Nr. 196*
Umsonst geht nur die Sonne auf
ab 3. Schuljahr *Best.-Nr. 216*
Sonst bist du dran
ab 3./4. Schuljahr *Best.-Nr. 215*
Ich bin ein Stern
ab 5. Schuljahr *Best.-Nr. 188*
Rennschwein Rudi Rüssel
ab 5. Schuljahr *Best.-Nr. 222*
Insel der blauen Delphine
ab 6. Schuljahr *Best.-Nr. 194*

Rechtschreiben

„5-Minuten-Diktate“
Beim Üben mit diesen Heften fassen auch rechtschreibschwache Schüler wieder Mut.
2. Schuljahr *Best.-Nr. 017*
3. Schuljahr *Best.-Nr. 018*
4. Schuljahr *Best.-Nr. 019*
5. Schuljahr *Best.-Nr. 020*
6. Schuljahr *Best.-Nr. 021*
7. Schuljahr *Best.-Nr. 052*

Rechtschreiben kinderleicht I
Trainer Grundschule *Best.-Nr. 332*

Rechtschreiben kinderleicht II
ab 5. Schuljahr *Best.-Nr. 336*

Zwillingsdiktate 2. – 6. Sj.
Ein Text zum Üben, einer zum Prüfen! *Best.-Nr. 015*

Mathematik

Schmunzelmathe Textaufgaben
Schritt für Schritt; mit Lösungen
1./2. Schuljahr *Best.-Nr. 094*
3./4. Schuljahr *Best.-Nr. 095*
5. Schuljahr *Best.-Nr. 313*

Die Einmaleins-Maus im Hunderterhaus 2. Sj. *Best.-Nr. 710*

Mathe zum Schmunzeln
111 listig-lustige Rechengeschichten
Freiarbeit / Fördern, ab 2. Sj. *Best.-Nr. 257*

Mathe kinderleicht – Grundrechenarten ab 5. Sj. *Best.-Nr. 247*

Grundrechenarten – Lernen an Stationen Übungen mit Selbstkontrolle, ab 5. Sj. *Best.-Nr. 253*

Bruchrechnen
systematische Grundlagenübungen
Nachhilfe und Freiarbeit *Best.-Nr. 154*

Übungen Geometrie ab 4. Sj.
Grundlegende Aufgaben *Best.-Nr. 121*

Verschiedenes

40 Vertretungsstunden GS
Grundschule *Best.-Nr. 267*

40 Vertretungsstunde SEK
ab 5. Schuljahr *Best.-Nr. 268*

20 Funny English Lessons
ab 6. Sj., mit Lösungen *Best.-Nr. 206*